AF612070

CATALOGUE

D'ESTAMPES

ANCIENNES

DE TOUTES LES ÉCOLES

ŒUVRES D'ÉTIENNE DELAUNE ET D'ABRAHAM BOSSE

PROVENANT

De la Collection de feu M. CH. BÉRARD

DONT LA VENTE AUX ENCHÈRES PUBLIQUES AURA LIEU

HOTEL DES COMMISSAIRES-PRISEURS, RUE DROUOT, 9

SALLE N° 8

Les Mardi 17, Mercredi 18 et Jeudi 19 Avril 1894

A deux heures précises.

Par le ministère de Me **PAUL CHEVALLIER**, commissaire-priseur,
10, rue de la Grange-Batelière.

Assisté de **M. JULES BOUILLON**, marchand d'estampes de la Bibliothèque nationale, rue des Saints-Pères, 3.

PARIS, 1894

CONDITIONS DE LA VENTE

Elle sera faite au comptant.

Les acquéreurs payeront CINQ POUR CENT en sus des enchères applicables aux frais de vente.

M. JULES BOUILLON se réserve la faculté de réunir ou de diviser les lots.

ORDRE DES VACATIONS

Mardi	17	Avril	....	Nos 1 à 262
Mercredi	18	—	....	263 à 473
Jeudi	19	—	....	474 à la fin.

DÉSIGNATION

ESTAMPES

ALDEGREVER (H.)

1 — L'Histoire de Loth, 1555. Suite de quatre estampes (B., 14-17). Belles épreuves.

2 — Le Jugement de Salomon, 1555 (B., 29). Très belle épreuve.

3 — Henri Aldegrever, agé de 28 ans, 1530 (B., 188). Belle épreuve.

4 — Dessein de grotesque présentant un mascaron entouré de deux enfans et de quatre sphinx, 1550 (B., 281). Très belle épreuve.

ALTDORFER (Albert)

5 — Le Triton et la néréide (B., 39). Très belle épreuve.

ANONYMES

6 — Emblèmes des cérémonies du mariage de Charles, prince de Galles, avec Henriette-Marie, sœur de Louis XIII, 1625. Très belle épreuve.

7 — Vue de Paris du côté du nord. Rare.

AUBERT (J.)

8 — *Gillot* (Claude), d'après lui-même. In-fol. Très belle épreuve.

AUBERT (d'après)

9 — Le Billet doux, — La Revendeuse à la toilette. Deux pièces faisant pendants gravées par Duflos. Belles épreuves

AUBRY-LE-COMTE

10 — Intérieur, d'après de Juinne. Très belle épreuve sur chine.

AUDOUIN (P.)

11 — *Berri* (le duc et la duchesse de). Deux portraits in-fol. faisant pendants, d'après Hesse et Augustin. Très belles épreuves.

AUDRAN (J.)

12 — *Secousse* (Robert), d'après H. Rigaud. In-fol. Très belle épreuve.

AUGRAND

13 — La Fileuse, — La Modiste, — La Boudeuse, — La Précaution. Quatre pièces en couleur. Belles épreuves.

B...

14 — Vignettes in-8 à claire-voie, pour les Chansons de Béranger. Douze pièces.

BACHELIER

15 — Collection de culs-de-lampe et fleurons, inventés et dessinés par M. Bachelier, gravés par Choffard. Dix-neuf pièces.

BALECHOU (J.-J.)

16 — *Aved* (Anne-Charlotte Gauthier de Loiserolle, Mme). In-fol. Très belle épreuve.

BAUDOUIN (d'après P.-A.)

17 — Le Carquois épuisé, par N. De Launay. Superbe épreuve.

18 — Le Catéchisme, — Le Confessionnal. Deux pièces faisant pendants gravées par Moitte. Très belles épreuves.

19 — Le Catéchisme, par Moitte. Très belle épreuve, marge.

20 — L'Épouse indiscrète, par N. De Launay. Très belle épreuve.

BEATRIZET (Nicolas)

21 — Titius déchiré par un vautour, d'après Michel-Ange (B., 39), — Une Bacchanale où l'on a représenté plusieurs enfants qui portent avec peine l'âne de Silène (B. 40), — Le Combat de la raison et de l'Amour (B., 44). Trois pièces. Très belles épreuves.

22 — Bacchanale où l'on a représenté plusieurs enfants qui portent avec peine l'âne de Silène (B. 40). Belle épreuve.

23 — Les vices tirant à la cible, d'après Michel-Ange (Pass., 116). Très belle épreuve.

BEAUVARLET (J.-F.)

24 — Histoire d'Esther. Suite de sept pièces d'après Vanloo. Superbes et rares épreuves avant toute lettre.

25 — *Montpipeau* (François-Pierre Duclauzel, marquis de), d'après Roslin. In-fol. Belle épreuve.

BEHAM (H.-S.)

26 — Combat entre les Grecs et les Troyens (B. 69). Belle épreuve.

27 — Trajan (B. 82). Très belle épreuve.

28 — La Patience, 1540 (B. 138). Très belle épreuve.

29 — La Bonne fortune, 1541 (B. 140), — La Fortune contraire (B. 141). Deux pièces. Très belles épreuves.

30 — L'Impossible, 1549 (B. 145). Belle épreuve.

31 — Vignette au mascaron, 1544 (B., 228). Très belle épreuve.

32 — L'alphabet romain. 1545 (B., 229), — Le Mascaron. 1545 (B., 231). Deux pièces. Très belles épreuves.

33 — L'alphabet romain. 1545 (B., 229). Très belle épreuve.

34 — Le Petit bouffon. 1542 (B., 230). Belle épreuve.

BEHAM (H.-S.)

35 — Le Mascaron. 1543 (B., 231). Très belle épreuve.

36 — Les Deux génies. 1544 (B., 236). Belle épreuve.

37 — Les Armoiries de Sebald Beham (B., 254). Belle épreuve.

38 — Les Armoiries à l'aigle. 1543 (B., 257). Belle épreuve.

BELLA (Sthephanus della)

39 — Le Reposoir, — La grande mort à cheval, — Batailles et paysages. Six pièces. Très belles épreuves.

40 — Recueil de vases. Suite de six pièces. Très belles épreuves.

BERAIN (J.)

41 — Décorations pour intérieurs d'appartements et arabesques. Huit pièces. Belles épreuves.

BERVIC (Ch.-Cl.)

42 — *Meilhan* (Gabriel Sénac de), d'après Duplessis. In-fol. Très belle épreuve.

BINET (d'après)

43 — La Nourrice élégante, par Dugast. Très belle épreuve.

BLÉRY (Eug.)

44 — Vue du pont de Dorieu, près de Lyon, — La Bardane, — Chardons, — Roseaux, Patiniers et Nenuphars. Etudes diverses. Sept pièces. Très belles épreuves de premier choix, sur chine.

45 — Paysages. Six pièces. Epreuves sur chine.

46 — Paysages gravés à l'eau-forte. Seize pièces. Très belles épreuves.

47 — Grands paysages gravés à l'eau-forte. Six pièces. Epreuves sur chine.

BOILLY (d'après L.)

48 — Réunion d'artistes, par A. Clément. Très belle épreuve, toute marge.

BOISSIEU (J.-J. de)

49 — Partie de l'œuvre de ce maître, en soixante-quinze pièces.

BONNET (L.)

50 — *Du Barry* (Madame la comtesse), d'après Drouais. In-fol. à la sanguine. Belle épreuve.

BOREL (d'après (A.)

51 — Vignettes pour divers ouvrages, en partie avant la lettre. Quarante-neuf pièces.

BOSIO (d'après D.)

52 — Ah ! beaucoup vous critiquent ! mais peu vous imitent, par J. Marchand, en couleur. Très belle épreuve.

BOSSE (Abraham)

53 — La Vierge, assise, tient l'enfant Jésus sur ses genoux ; au fond, à gauche, une ville bordée d'une rivière (G. D., 12). Très belle épreuve d'une pièce très rare.

54 — L'Enfant prodigue. Suite de six pièces (G. D., 34-39) ; dont nous n'avons que cinq. Très belles épreuves avec l'adresse de Le Blond, marge.

55 — La Parabole du mauvais riche et Lazare. Suite de trois pièces (G. D., 40-42). Très belles épreuves.

56 — Les Cinq sens. Suite de cinq pièces (G D., 1071-1075). Très belles épreuves avec l'adresse de Melchior Tavernier.

57 — Trois pièces doubles de la suite précédente, et la copie du Goust. Quatre pièces.

58 — Les Quatre âges de l'homme. Suite de quatre estampes (G. D., 1078-1081). Très belles épreuves avec l'adresse de Le Blond.

BOSSE (Abraham)

59 — Les Quatre saisons. Suite de quatre pièces (G. D., 1082-1085). Très belles épreuves avec l'adresse de Le Blond.

60 — Les Quatre éléments. Suite de quatre pièces (G. D., 1090-1093). Très belles épreuves, marge.

61 — Composition de cinq personnages figurant la France, le Saint-Empire, la Papauté, l'Autriche, l'Espagne et la Lorraine (G. D., 1110). Très belle épreuve avant la lettre.

62 — Aux buveurs très illustres et hauts crieurs du Roi boit. Suite de vingt-quatre petits sujets, dont nous n'avons que douze, sans texte. Belles épreuves.

63 — Suite de dix-huit planches pour l'Ariane de M. Desmarets (G. D., 1115-1132). Très belles épreuves.

64 — Titres pour l'Eneïde. Trois pièces (G. D., 1133-1133 *bis*, 1134). Très belles épreuves.

65 — La Pucelle ou la France délivrée, suite de treize estampes, dont nous n'avons que dix (1148-1160). Belles épreuves.

66 — Les Noms, surnoms, qualitez, armes et blasons des chevaliers et officiers de l'ordre du Saint-Esprit. Suite de quatre pièces (G. D., 1207-1210). Très belles épreuves avec l'adresse de Melchior Tavernier.

67 — Le Siège de la Motte, par le maréchal de la Force (G. D., 1220). Superbe épreuve. Rare.

68 — Cérémonie observée au contrat de mariage passé à Fontainebleau, en présence de Leurs Majestés, entre Vladislas IV, roi de Pologne, et Louise-Marie de Gonzague, princesse de Mantoue et de Nevers, le 25 septembre 1645 (1223). Belle épreuve.

69 — Les Vœux du roy et de la reyne à la Vierge (G. D., 1225). Très belle épreuve.

BOSSE (Abraham)

70 — La Joye de la France (G. D., 1226). Très belle épreuve.

71 — La Fortune de la France (G. D., 1227). Très belle épreuve avec l'adresse de Le Blond.

72 — *Callot* (Jacques) (G. D., 1234). Belle épreuve.

73 — L'Infirmerie de l'hôpital de la Charité, de Paris (G. D., 1266). Très belle épreuve.

74 — L'Hôtel de Bourgogne (G. D., 1268). Très belle épreuve avec l'adresse de Le Blond.

75 — Le Jardin de la noblesse française. Suite de dix-huit planches, dont nous n'avons que seize (1301-1318). Très belles épreuves.

76 — Les Cris de Paris. Suite de douze pièces (G. D., 1341-1352). Très belles épreuves. Rares.

77 — Un Jeune seigneur assis joue du luth et chante (1362), — Appuyé contre un arbre, un berger joue de la musette (1364), — Un Berger tient une houlette de la main gauche (1366), — Une Femme assise travaille à une tapisserie (1371). Quatre pièces. Très belles épreuves.

78 — Le Mariage à la ville. Suite de six pièces (1374-1379). Très belles épreuves, dont quatre avec grandes marges.

79 — Le Mariage à la campagne. Suite de trois estampes (G. D., 1380-1382). Très belles épreuves avec l'adresse de Le Blond, marges.

80 — Le Mari qui bat sa femme, — La Femme qui bat son mari. Deux pièces (G. D., 1383-1384). Très belles épreuves avec l'adresse de Le Blond.

81 — Le Peintre, — Le Sculpteur, — Le Graveur et l'Imprimeur. Suite de quatre pièces (G. D., 1385-1388). Très belles épreuves.

BOSSE (Abraham)

82 — Le Maître et la maîtresse d'école. Deux pièces (G. D., 1389-1390). Très belles épreuves avec l'adresse de Le Blond.

83 — Les Métiers. Suite de sept pièces (G. D., 1391-1397). Très belles épreuves avec l'adresse de Le Blond et Melchior Tavernier.

84 — Deux pièces doubles de la suite précédente. Belles épreuves.

85 — Les Femmes à table en l'absence de leurs maris (G. D., 1399). Très belle épreuve avec l'adresse de Le Blond.

86 — La même estampe. Très belle épreuve du même état.

87 — Le Bal (G., 1400). Très belle épreuve avec l'adresse de Le Blond.

BOSSE (d'après A.)

88 — Un Peintre assis devant un chevalet est occupé à peindre l'Amour lançant une flèche, gravé par Michel Lasne. Très belle épreuve.

BOUCHARDON

89 — Études prises dans le bas peuple ou cris de Paris. Trente-neuf pièces.

BOUCHER (d'après F.)

90 — Les Bacchantes endormies, par R. Gaillard. Très belle épreuve.

91 — Les Charmes du printemps, — Les Plaisirs de l'été, — Les Délices de l'automne, — Les Amusements de l'hiver. Suite de quatre pièces gravées par J. Daullé. Belles épreuves.

92 — Les Charmes de la vie champêtre, par J. Daullé. Très belle épreuve.

BOUCHER (d'après)

93 — Foire de campagne, par Cochin. Très belle épreuve.

94 — Jupiter et Léda, par Ryland. Très belle épreuve.

95 — La Marchande de modes, par R. Gaillard. Très belle épreuve.

96 — La Musique pastorale. Les Amusements de la campagne. Deux pièces faisant pendants, gravées par J. Daullé. Superbes épreuves, grandes marges.

97 — Pensent-ils au raisin? par Le Bas. Très belle épreuve.

98 — Les Plaisirs de l'été, — Jupiter et Calisto. Deux pièces gravées par Daullé et Gaillard. Bonnes épreuves.

99 — Paysages gravés par Chedel et Saint-Non. Quatre pièces. Belles épreuves.

100 — Paysage gravé par J. Houël. 1789. Très belle épreuve.

101 — Le Pêcheur, par Chedel. Belle épreuve.

102 — 1re vue de Fronville, — 11e vue de Fronville. Deux pièces faisant pendants, gravées par Ryland. Très belles épreuves.

103 — Vue des environs de Beauvais, — Seconde vue de Beauvais. Deux pièces faisant pendants, gravées par Le Bas. Très belles épreuves, marges.

104 — Première veue de Charenton, — Seconde veue des environs de Charenton. Deux pièces faisant pendants, gravées par Le Bas. Très belles épreuves, grandes marges.

105 — Paysage gravé par Ryland. Épreuve avant la lettre, marge.

106 — Le Pêcheur, — Le Pont rustique. Deux pièces faisant pendants, gravées par Chedel. Très belles épreuves, marges.

BOUCHER (d'après F.)

107 — Troisième et quatrième livres de sujets et pastorales par F. Boucher, peintre du Roi. Douze pièces gravées par Huquier. Très belles épreuves.

108 — Groupes d'amours. Trois pièces gravées par Aveline et Huquier. Belles épreuves.

109 — Occupations des Chinois. Quatre pièces gravées par Huquier.

110 — Les Cris de Paris. Suite de douze pièces gravées par Ravenet. Superbes épreuves, toutes marges.

111 — Nouveaux morceaux pour des paravents. Cinq pièces arabesques en hauteur, gravées par Cochin et Duflos. Très belles épreuves. Rares.

112 — Recueil de fontaines inventées par F. Boucher. Six pièces. — Second livre de fontaines inventées par F. Boucher. Sept pièces. En tout, treize pièces. Très belles épreuves.

113 — Livre de vases par François Boucher. Suite de douze pièces. Très belles épreuves, grandes marges.

114 — L'Amour et Vénus dansant au son du tambourin, gravé à la sanguine par Demarteau. Très belle épreuve, marge.

115 — La Bergère endormie, — La Famille Chinoise. Deux pièces gravées par Demarteau (137 et 210). Belles épreuves.

116 — La Bonne Mère, — Les Soins maternels, — Les Laveuses. — Vénus et l'Amour, etc. Cinq pièces gravées à la sanguine par Demarteau. Très belles épreuves.

117 — Étude d'enfants. Gravé aux trois crayons par Demarteau (502). Belle épreuve.

118 — Groupe de têtes d'anges, — Buste de jeune femme. Deux pièces gravées par Demarteau (344-116). Très belles épreuves.

BOUCHER (d'après F.)

119 — La Jardinière, — Buste de jeune fille. Deux pièces à la sanguine, par Demarteau, Très belles épreuves.

120 — La Leçon de flûte, — Nymphes au bain. Deux pièces faisant pendants, gravées par Demarteau aux trois crayons (550-551). Très belles épreuves.

121 — Vénus et l'Amour couchés sur des draperies, par Demarteau (46). Très belle épreuve.

122 — Vénus et les Amours sur des draperies, par Demarteau (47). Belle épreuve.

123 — Vénus à la colombe, par L. Bonnet, à la sanguine. Très belle épreuve.

124 — Vénus endormie, — Vénus et l'Amour couchés sur des draperies. Deux pièces gravées à la sanguine, par Demarteau (161-46). Très belles épreuves.

125 — Vénus assise sur un lit, tenant des fleurs, gravé à la sanguine, par Demarteau (45). Très belle épreuve.

BOUCHER ET HUET (d'après)

126 — Vénus caressée par l'Amour, — Le Bain de Léda, — Paysage, — Le Repos des vendangeurs, — Les Belles vendangeuses, — Portrait de Huet dessinant. Six pièces gravées par Bonnet, Demarteau et L'Éveillé. Belles épreuves.

127 — Le Repos de Vénus, — Vénus sur un dauphin. Deux pièces faisant pendants, gravées aux trois crayons par Demarteau (552-553). Très belles épreuves.

BOUCHER ET LEBARBIER (d'après)

128 — Léda, — La Bacchante. Deux pièces faisant pendants, gravées aux trois crayons, par Demarteau (468-469) Très belles épreuves.

BOYVIN (René)

129 — Histoire de Jason et de la conquête de la Toison d'Or. Suite de vingt-six estampes (R. D., 39-64). Superbes épreuves du premier état, avant les numéros, sauf sept qui sont avec.

130 — Dix-huit pièces de la même suite. Très belles épreuves.

131 — Treize pièces de la même suite. Belles épreuves.

132 — *Henri II*, roi de France, d'après L. Penni (R. D., 106). Très belle épreuve, mais manquant de conservation et rognée. Rare.

133 — Panneaux d'ornements ornés des divinités du paganisme (R. D., 119-134). Très belles épreuves. Grandes marges.

134 — Neuf pièces doubles de la suite précédente. Belles épreuves.

BREBIETTE

135 — Bacchanales et autres sujets en forme de frise. Dix-sept pièces. Belles épreuves.

BREUGEL (d'après)

136 — Jésus et la femme adultère. Très belle épreuve.

137 — Paysages ornés de sujets tirés de l'histoire sainte et autres. Sept pièces. Très belles épreuves.

138 — Les Vertus théologales, — Les Péchés capitaux et autres sujets. Vingt-huit pièces. Très belles épreuves.

BRUCHON (d'après V.)

139 — Premier cahier de lettres alphabétiques en fleurs, dessinées par N. Bruchon et gravées par C. Colinet. Les nos 1 et 2 de la suite. Très belles épreuves. Rares.

BRUYN (A. de)

140 — Panneaux grotesques en largeur. Suite de six pièces dont nous n'avons que cinq. Très belles épreuves. Rares.

141 — Bethsabée au bain, — Suzanne surprise par les vieillards, — Costumes militaires. Cinq pièces. Belles épreuves.

142 — Les Éléments, — Les Quatre parties du monde. Huit pièces. Belles épreuves.

BRY (les de)

143 — Triomphe de Bacchus. Très belle épreuve.

144 — La Fontaine de Jouvence, — Fête de village. Deux pièces d'après Béham. Très belles épreuves.

145 — L'Age d'or, d'après Bloemaert. Très belle épreuve.

146 — Convoi escorté de militaires, suivi de la mort. Très belle épreuve.

147 — Soldats escortant un convoi de prisonniers, d'après Beham. Très belle épreuve.

148 — Marche de soldats, au milieu, un porte drapeau. Très belle épreuve.

149 — Fonds de coupes ornées de grotesques avec sujets et portraits au milieu. Trois pièces. Très belles épreuves.

150 — Suite de quatre pièces rondes pour coupes, ornées d'une bordure sur fond noir, avec portraits des trois Césars. Très belles épreuves.

151 — Écussons et armoiries au milieu d'encadrements grotesques, tirés du livre d'Emblèmes. Vingt pièces. Très belles épreuves.

CALAMATTA (L.)

152 — Orléans (S. A. R. Mgr le duc d'), d'après Ingres. In-fol. Belle épreuve.

CALLOT (J.)

153 — *Callot* (Jacques), par Michel Lasne. Belle épreuve.

154 — Le Passage de la mer Rouge. (E. Meaume, 1). Belle épreuve du premier état.

155 — Le Massacre des Innocents (6), — Trois pièces de la suite du Nouveau Testament et quatre du Combat à la barrière. Huit pièces.

156 — La Parabole de l'enfant prodigue. Suite de onze pièces. (53-63). Très belles épreuves avant les numéros.

157 — La Possédée ou l'Exorcisme (156). Belle épreuve.

158 — *Médicis* (François de), prince de Capistran (429). Belle épreuve.

159 — Principaux faits du règne de Ferdinand Ier de Médicis, grand duc de Toscane. Huit pièces d'une suite de seize (534-549). Très belles épreuves.

160 — Les Petites misères de la guerre. Suite de sept pièces y compris le titre (557-575). Très belles épreuves.

161 — Les Grandes misères de la guerre. Suite de dix-huit estampes (564-581). Superbes épreuves du deuxième état.

162 — La Rencontre à l'épée (595), — La Rencontre au pistolet (596). Deux pièces. Belles épreuves.

153 — Le Jeu de boules (623). Très belle épreuve du deuxième état.

164 — Les Deux pantalons (626). Très belle épreuve.

165 — Les Supplices (665). Très belle épreuve.

166 — La Noblesse. Suite de douze pièces (673-684). Belles épreuves.

167 — La Noblesse. Suite de douze pièces. Belles épreuves.

168 — Les Gueux ou Mendiants. Suite de vingt-cinq pièces (685-709). Belles épreuves.

CALLOT (J.)

169 — La Tentation de saint Antoine (M., 139), — La Chasse (711). Deux pièces. Bonnes épreuves.

170 — La Petite vue de Paris (712). Très belle épreuve du deuxième état.

171 — Les quatre paysages (715-718). Très belles épreuves. Le numéro 1 est double en premier état.

172 — Figures variées. Suite de dix-sept pièces dont nous n'avons que sept (730-746), — Balli ou Cucurucu. Sept pièces d'une suite de vingt-quatre (641-664), — Fantaisies. Six pièces d'une suite de quatorze (868-881). Vingt pièces. Belles épreuves.

173 — Les Caprices (768-867). Quarante-trois pièces de la suite. Très belles épreuves.

174 — L'Eventail, — L'Éventail représentant une danse, — Le Jeu de boules, — Vue de Paris, — Paysage. Cinq pièces dont quatre copies.

CALLOT ET LA BELLE

175 — Recueil contenant deux cent soixante-huit pièces par ces deux artistes.

CARAGLIO (J.)

176 — Les Divinités de la fable. Suite de vingt estampes. (B., 24-43). Très belles épreuves.

CARICATURES

177 — Le Bon genre. Six pièces en couleur.

178 — Le Bon genre. Sept pièces en couleur. Très belles épreuves.

CARPENTIER (C. Le)

179 — *Fragonard* (H.). In-8 à l'eau-forte. Superbe épreuve. Très rare.

CASA (Niccolo della)

180 — *Bandinelli* (Baccio), sculpteur italien (R. D., 2). Belle épreuve.

181 — Côme II de Médicis, d'après Baccio, Bandinelli (R. D., 4). Très belle épreuve.

182 — Le même portrait. Très belle épreuve.

183 — Henri II, à l'âge de vingt-huit ans. 1547 (R. D., 5).

On attribue ce portrait à Della Casa, en raison de l'analogie qu'offre sa gravure avec celle du portrait de Cosme de Médicis. Néanmoins, à défaut d'autres preuves, il est permis d'avoir un doute à cet égard rien qu'en comparant ces deux estampes. La gravure du portrait de Cosme de Médicis est assez raide et rugueuse, tandis que celle de Henri II, surtout dans les minutieux détails de sa riche armure, est d'une finesse telle qu'elle fait penser à une ciselure de génie. En effet, un écrivain autorisé, Ottley, rédacteur du catalogue d'une collection célèbre en Angleterre, celle de sir Masterman Sikes (1824), croit que la gravure de ce portrait est peut-être l'ouvrage de Benvenuto Cellini. (Note extraite du *Catalogue Didot*, 1877, n° 3926.) Superbe épreuve d'une extrême rareté, mais doublée.

CAUVET

184 — Vases et ornements divers. Sept pièces. Belles épreuves.

CHARDIN (d'après J.-B.-S.)

185 — Les Amusements de la vie privée, par L. Surugue, — La Gouvernante, par Lépicié. Deux pièces. Très belles épreuves.

186 — Etude du dessein, par Le Bas, — Dame prenant son thé, par Fillœul. Deux pièces. Très belles épreuves.

187 — Le Négligé ou toilette du matin, par Le Bas, — La Mère laborieuse, par Lépicié. Deux pièces. Belles épreuves.

CHAUFOURIER (d'après J.)

188 — Vue d'une partie de la ville de Paris depuis les Quatre Nations jusqu'au Pont-Royal, gravé par P. Sanry. Bonne épreuve.

CHEREAU (A Paris, chez)

189 — Vues d'optique. Treize pièces.

CHODOWIECKI (D.)

190 — Cabinet d'un peintre. Très belle épreuve, marge.

CLERMONT (d'après)

191 — Le Sculpteur, — Le Poëte, — Le Musicien. Trois pièces gravées aux trois crayons, par Demarteau. Belles épreuves.

COCHIN (N.)

192 — Le Magnifique carousel fait sur le fleuve de l'Arno à Florence pour le mariage du Grand Duc. Paris, 1664. Suite de dix-huit planches et un titre. Très belles épreuves.

COCHIN (d'après C.-N.)

193 — Le Chanteur de cantiques, par Madeleine Cochin. Très belle épreuve.

194 — La Petite Charrière en couches, par Saint-Non. Très belle épreuve, marge.

195 — Fêtes de Versailles. Quatre pièces. Très belles épreuves.

196 — *Favart* (Mme), par J. J. Flipart. In-8. Belle épreuve.

COIFFURES

197 — Miss french lady opera, — Le Stratagème amoureux ou la toilette à la mode. Deux pièces. Très belles épreuves, avec marges.

COLLAERT (A.)

198 — Figures de saintes dans des cadres ornés de fleurs, d'oiseaux et d'insectes. Huit pièces. Belles épreuves.

COSTUMES

199 — Costumes Parisiens depuis l'an VIII à 1823. Cinq cent cinquante-cinq pièces.

COSTUMES

200 — Le Petit courrier des Dames, — Le Mercure des salons, — Le Follet, etc. Quarante-neuf pièces avec texte

COUVAY

201 — Le Courtisan réformé suivant l'édit dernier, d'après Huret. Très belle épreuve.

COYPEL (d'après Ch.)

202 — La Jeunesse sous les habillements de la décrépitude, par Renée-Elisabeth Marlié Lépicié. Très belle épreuve.

203 — Jeu d'enfans, par Lépicié. Très belle épreuve.

COYPEL (C.-A.)

204 — La Diseuse de bonne aventure (R. D., 21). Belle épreuve..

DARET ET MELLAN

205 — *Vladislas IV*, roi de Pologne, — *Villemontée* (F. de), évêque de Saint-Malo. Deux portraits in-fol. Belles épreuves.

DAULLÉ (J.)

206 — *Mignard* (Catherine), comtesse de Feuquière, d'après Mignard. In-fol. Belle épreuve.

207 — *Puységur* (Jacques-François de Chastenet de), d'après Tournière, — *Gendron* (Claude-Deshais), d'après Rigaud. Deux portraits in-fol. Très belle épreuve.

208 — *Rousseau* (Jean-Baptiste), d'après Aved, — *La Peyronie* (François de), d'après Rigaud. Deux portraits in-fol. Très belles épreuves.

DAVENT (L.)

209 — Adonis et ses chasseurs poursuivant un sanglier qui traverse une rivière (B., 48), — Diane et ses Nymphes poursuivant dans les barques un cerf qui traverse une rivière (49), — Mars et Vénus servis à table par l'Amour,

DAVENT (L.) (suite)

les Grâces et des Nymphes (52), — Vulcain et les Cyclopes occupés à forger des flèches pour l'Amour (56), — Jeune homme porté entre les bras de deux vieillards et d'une femme, par G. Rughiéri. Cinq pièces. Très belles épreuves.

DAVID ET **FORNAZERIS**

210 — *L'Hospital* (Nicolas de), — *Paul V*, pape. Deux portraits. Belles épreuves.

DEBUCOURT (P.-L.)

211 — Le Compliment ou la matinée du jour de l'An, — Les Bouquets ou la fête à la grand'maman. Deux pièces faisant pendants. 1788. Superbes épreuves, en couleur.

212 — Annette et Lubin. 1789. Superbe épreuve en couleur.

213 — Les Visites. Très belle épreuve.

DELAUNE (Etienne)

214 — Sujets de l'Ancien Testament. Suite de douze estampes dans des formes ovales (R. D., 3-14). Superbes et très rares épreuves du premier état, imprimées à deux sur une même feuille.

215 — L'Histoire du prophète Jonas. Suite de quatres estampes (B., 15-18). Superbes épreuves. Rares.

216 — Les Filles de Loth enivrant leur père, d'après Lucas Penni (R. D., 19), — Histoire d'Apollon et de Diane. Suite de six estampes (133-138). Sept pièces. Belles épreuves.

217 — Histoire de la Genèse. Suite de trente-six estampes, dont nous n'avons que trente et une (R. D., 24-59). Très belles épreuves.

218 — Histoire de la Genèse (R. D., 24-59). Très belles épreuves.

DELAUNE (Étienne)

219 — Suzanne surprise au bain par les vieillards (R. D., 60), — Diane et Actéon (139), — La Mort d'Adonis (139 ter), Apollon sur le Parnasse au milieu des Muses (309), etc. Cinq pièces. Belles épreuves.

220 — Une Allocution, d'après un bas-relief antique (R. D., 66), — Les Filles de Loth enivrant leur père, d'après Lucas Penni (R. D., 19), — Narcisse, d'après Maître Roux (85), — Apollon sur le Parnasse (100). Quatre pièces. Très belles épreuves.

221 — Différents sujets ornés de paysages. Suite de dix-huit pièces (R. D., 67-84). Belles épreuves.

222 — Le Fleuve Nil, d'après le Primatice (R. D., 101), — La Mort d'Adonis, d'après Lucas Penni (102), — Deux des quatre petits combats (264-265). Quatre pièces. Très belles épreuves.

223 — Sujets divers. Suite de douze estampes dans des formes ovales, bordées de deux filets parallèles, entre lesquels sont les inscriptions (R. D., 107-118). Très belles épreuves.

224 — Les Planètes. Suite de sept estampes dans des formes ovales (R. D., 119-125), — Lucrèce, d'après Lucas Penni (R. D., 64). Huit pièces. Très belles épreuves.

225 — Plusieurs divinités de l'antiquité païenne. Suite de sept estampes y compris le titre (R.D., 126-132). Très belles épreuves. Rares.

226 — Histoire d'Apollon et de Diane. Suite de six estampes (B., 133-138). Superbes épreuves du premier état.

227 — Sujets emblématiques à la gloire de Henri II. Suite de neuf estampes, dont nous n'avons que sept (R. D., 140-148). Très belles épreuves.

DELAUNE (Etienne)

228 — La Divinité, la Justice, la Prudence, la Tempérance, l'Amitié, la Libéralité, la Science, la Magnificence et la Magnanimité, représentées d'une manière allégorique sous des figures de femmes, et qui en portent les symboles (R. D., 158-166). Très belles épreuves imprimées à deux sur une même feuille.

229 — Les Principales sciences, et de plus Minerve et la Sagesse, représentées par des femmes environnées de leurs attributs, debout dans des paysages (R. D., 167-178). Superbes épreuves.

230 — La Paix et l'Abondance, — la Guerre et la Famine. Suite de quatre estampes (181-184), — Emblèmes moraux (210-213-220). Sept pièces.

231 — Les Douze mois, ou les différentes occupations des hommes pendant le cours de l'année. Suite de douze estampes dans des formes ovales (R. D., 185-196). Superbes épreuves.

232 — Les Quatre parties du monde. Suite de quatre estampes dans des formes ovales (R. D., 197-200). Très belles épreuves.

233 — La Paix et l'Abondance, la Guerre et la Famine. Suite de quatre estampes dans des formes ovales (R. D., 201-204). Plus trois pièces des mêmes compositions gravées une première fois et décrites sous les nos 181-184. Sep pièces. Très belles épreuves.

234 — Emblèmes moraux. Suite de vingt estampes (R. D., 205-224). Superbes épreuves.

235 — Emblèmes moraux (205-224). Quatorze pièces d'une suite de vingt, etc. Dix-neuf pièces.

236 — Les Douze mois de l'année. Suite de douze estampes ayant des bordures chargées d'ornements qui ont rapport au sujet (R. D., 225-236). Très belles épreuves du premier état.

DELAUNE (Etienne)

237 — La même suite. Belles épreuves avec les numéros (manque le n° 2).

238 — Sept pièces doubles des précédentes. Bonnes épreuves.

239 — Sujets variés. Suite de douze estampes (R. D., 237-248), — Jeune femme mettant sa main dans la gueule d'un dragon (179), — Un homme, armé d'une cognée, attaquant un roi assis sur son trône (180), — Hercule sacrifiant Busiris (98). Quinze pièces. Très belles épreuves.

240 — Sujets variés. Suite de six estampes ovales en hauteur, portant au milieu du bas le millésime 1567 (R. D., 249-254), — Hercule faisant manger Diomède par ses propres chevaux (R. D., 99). Sept pièces. Belles épreuves.

241 — Diverses actions pastorales et champêtres. Suite de sept estampes dont nous n'avons que cinq (R. D., 255-261). Belles épreuves.

242 — Les Quatre petits combats. Suite d'autant d'estampes (262-265). Belles épreuves.

243 — Atelier d'orfèvre (R. D., 267). Très belle épreuve. Rare.

244 — Différents cavaliers romains. Suite de six estampes (R. D., 269-274). Plus quatre autres cavaliers cavaliers par de Bruyn. Dix pièces. Très belles épreuves. Rares.

245 — La Chasse à l'ours, au sanglier, au loup, aux oiseaux, au cerf et au lièvre. Suite de six estampes en forme de frise, à fond blanc (R. D., 275-280). Belles épreuves.

246 — Combats et triomphes. Suite de douze estampes en forme de frises, à fond noir (R. D., 281-292). Très belles épreuves composées de pièces avant et avec les numéros.

247 — Combats et triomphes (284-285-286-287-288-290-292), — Trajan entre la ville de Rome et la victoire (300), — Le Combat des Centaures et des Lapithes (303), — Chasse aux lions (304), — Trajan combattant contre les Daces (305). Onze pièces.

DELAUNE (Etienne)

248 — Combat de cavaliers romains contre des soldats à pied (R. D., 293), — Combat d'hommes nus, au milieu, un porte-drapeau, sans nom d'auteur. Deux pièces. Très belles épreuves.

249 — Sujets de l'histoire ancienne. Suite de huit estampes, dont nous n'avons que sept. Manque le n° 8 : Les Amours de Léda et de Jupiter (R. D., 300-307). Superbes épreuves.

250 — L'Enlèvement d'Hélène, d'après Raphaël (R. D., 308). Superbe épreuve.

251 — Quelques-unes des sciences, figurées par des femmes occupant le centre des compositions. Suite de six estampes, dont nous n'avons que cinq (R. D., 340-345). Belles épreuves.

252 — Grotesques à fond noir. Suite de sept estampes, y compris le titre, bordées d'un filet simple, dont nous n'avons que six. Manque le n° 2. (R. D., 352-358.) Superbes épreuves.

253 — Sujets variés de deux suites différentes. (R. D., 355-358-383-385-386-387-390-393-396-398). Dix pièces. Belles épreuves.

254 — Compositions enrichies des divinités de la fable dans des ovales, sauf une qui est dans un rond (R. D., 359-364). Très belles épreuves.

255 — Compositions enrichies des divinités de la fable, dans des ovales sauf une seule, le n° 6, qui est dans un rond (R. D., 359-364). Belles épreuves.

256 — Compositions enrichies des divinités de la fable (366-367), — L'Autel de sacrifice (375), — Différentes divinités du paganisme (416-417-418-419-420-421), — L'Astrologie (409). Douze pièces. Belles épreuves.

DELAUNE (Etienne)

257 — Compositions ornées des divinités de la fable ou de sujets variés. Suite de six estampes (R. D., 371-376). Très belles épreuves.

258 — Quelques-unes des sciences, figurées par des femmes debout au centre des compositions (R. D., 404-409). Très belles épreuves.

259 — Différentes divinités du paganisme debout au centre des compositions. Suite de six estampes (R. D., 416-421). Très belles épreuves.

260 — Différents sujets de l'Ancien Testament. Suite de six estampes (R. D., 428-433). Superbes épreuves.

261 — Titre (R. D., 442). Planches de diverses suites. Quatorze pièces.

262 — Armoiries de la ville de Strasbourg. Superbe épreuve d'une pièce non décrite, portant le monogramme du maître.

DEMARTEAU

263 — La Brodeuse, d'après Carmontel (336). Très belle épreuve.

264 — Vues des environs de Rouen. Quatre pièces gravées, d'après Houel (139-140-64-65). Très belles épreuves.

DE NON (d'après)

265 — Le Déjeuné de Ferney, par Née et Masquelier, *Voltaire*, par Saint-Aubin. Deux pièces. Belles épreuves.

DESRAIS, LECLERC et WATTEAU (d'après)

266 — Costumes tirés de : Galerie des modes et costumes français. Quarante-six pièces, en grande partie de la 2e partie de l'ouvrage de 200 à 400. Très belles épreuves.

DESRAIS, LECLERC et **WATTEAU** (d'après)

267 — 53ᵉ cahier de costumes français. 47ᵉ suite d'habillements à la mode en 1787. Quatre pièces. Plus deux pièces du 54ᵉ cahier (nᵒˢ 331-332-335-336-339 et 340 de la suite des Desrais et Leclerc). Six pièces d'après L. Watteau. Très belles épreuves.

DESRAIS (genre de)

268 — Vue du caffé du caveau du Palais-Royal. Pièce coloriée destinée à être montée en écran. Superbe épreuve. Très rare.

DE TROY (d'après J.-B.)

269 — Le Jeu de pied de bœuf, par C. N. Cochin. Très belle épreuve.

270 — Jeune femme prenant son café, par J. Chereau. Très belle épreuve.

271 — L'Ornement de l'esprit et du corps, par L. Surugue. Très belle épreuve.

DEVAUX

272 — *Préville* (Angélique Drouin, femme), d'après Simonet. In-4. Très belle épreuve.

DIETRICY (C.-G.-E.)

273 — Portrait de Dietricy, gravé par Schmuzer, d'après lui-même, et eaux-fortes gravées par lui, dont le Charlatan, — Le Marchand de mort aux rats, — Le Rémouleur, etc. Dix pièces. Très belles épreuves.

DIVERS

274 — *Mignard* (Pierre), — *Van der Meulen*, — Le cardinal Fleury. Cinq portraits par Schmidt, Drevet et Van Schuppen.

275 — Trois pièces lithographiées par Philippon et Deveria.

DIVERS

276 — Ex-libris et armoiries. Sept pièces.

277 — Lithographies, héliogravures et photographies, par divers artistes. Vingt-cinq pièces.

278 — Ornements et compositions diverses, par Collaert, Aldegrever, Van Sichem, Hopfer, Londerseel, etc. Neuf pièces.

279 — Paysages, d'après Backuisen, Van de Velde, Patel, Cl. Lorrain. Neuf pièces gravées par Canot et Vivarès. Très belles épreuves.

DREVET (P.)

280 — *Boileau-Despréaux* (Nic.), d'après H. Rigaud (D., 23). Très belle épreuve.

281 — *Dangeau* (Phil., marquis de), d'après H. Rigaud (D., 36). Très belle épreuve.

282 — Desjardins (Marie Cadesme, femme de M.). In-fol. Très belle épreuve.

283 — *Fleury* (le cardinal de), d'après H. Rigaud (D. 48), — *Cotte* (Robert de), architecte, d'après Rigaud (D., 34). Deux portraits. Belles épreuves.

284 — *Nemours* (Marie d'Orléans, duchesse de), d'après Rigaud (D., 115). Très belle épreuve.

DREVET (Claude)

285 — *Milon* (A.), évêque-comte de Valence, d'après H. Rigaud (D., 11), — *Vintimille* (Ch. G. G. de), archevêque de Paris, d'après Rigaud (D., 14). Deux portraits. Belles épreuves.

286 — *Milon* (Alexandre), d'après Rigaud. In-fol. Belle épreuve.

DUCERCEAU (J.-A.)

287 — Fonds de coupes. Cinq pièces. Très belles épreuves. Rares.

DUCERCEAU (J.-A.)

288 — Cariatides. Neuf pièces. Belles épreuves.

DUFLOS

289 — Portraits de Princes et princesses de la famille de Gondy. Neuf pièces in-4. Belles épreuves.

DUGOURE (d'après J.-D.)

290 — Le Lever de la mariée, par Trière. Très belle épreuve.

291 — Arabesques inventés et gravés par J. D. Dugoure. A Paris, chez Chéreau. Suite de six pièces. Très belles épreuves, grandes marges.

DUPLESSIS-BERTAUX

292 — Serment du Jeu de Paume à Versailles, 1789, — Métiers, — Trait de bienfaisance, — Journée de Brumaire. Dix pièces, dont trois à l'état d'eau-forte.

293 — Entrée du roi Louis XVIII à Paris. Très rare épreuve à l'état d'eau-forte, marge.

DURER (ALBERT)

294 — La Vierge avec l'enfant Jésus emmailloté (B., 38). Bonne épreuve.

295 — Albert de Mayence, vu de profil (B. 103), — Frédéric, électeur de Saxe (B., 104). Deux pièces. Bonnes épreuves.

296 — Les Rois mages (B., 3), — La Vierge assise tenant une pomme (B., 103). Deux pièces. Très belles épreuves.

297 — La Vie de la Vierge. Suite de vingt estampes (B., 76-95). Belles épreuves.

DU SART (CORNEILLE)

298 — Le Cordonnier renommé (B., 14), — Le Violon assis (B. 15), — La Fête de village (B. 16). Trois pièces. Très belles épreuves.

EDELINCK (G.)

299 — *Carcavy* (P. de), conseiller au parlement (R. D., 163), — *Du Lauri* (Remy), prévôt de l'église de Saint-Pierre de Lille (188). Deux portraits. Très belles épreuves.

300 — *De Blye* (Jean-Baptiste), premier président au parlement de Tournay (R. D., 179), — *Mansart* (J. Hardouin), d'après Rigaud (267). Deux portraits. Belles épreuves.

301 — *Desjardins* (Martin Van den Bogaert, connu en France sous le nom de), d'après Rigaud (R. D., 182). Bonne épreuve.

302 *Galles* (Jacques-François Édouard, prince de), d'après de Troy (R. D., 211). Très belle épreuve.

303 — *Silvestre* (Israël), graveur, d'après Ch. Le Brun (R. D., 319). Très belle épreuve.

304 — *Villacerf* (Édouard Colbert, marquis de), d'après Mignard (R. D., 336). Superbe épreuve.

EISEN (d'après F.)

305 — Déguisements enfantins,— Amusement de la jeunesse. Deux pièces gravées par N. Dupuis. Très belles épreuves. Grandes marges.

EISEN (d'après Ch.)

306 — Le Bal champêtre, par de Longueil. Très belle épreuve.

307 — La Comète, par Le Bas. Très belle épreuve.

308 — Concert méchanique, par de Longueil. Très belle épreuve avec le lustre, toute marge.

309 — Le Matin. — Le Midy, — L'Après-midi, — Le Soir. Suite de quatre pièces gravées par de Longueil. Superbes épreuves avec marges.

310 — En-tête et fleurons pour les Baisers. Neuf pièces. Épreuves tirées hors texte.

EISEN (d'après Ch.)

311 — En-tête, — Frontispices et fleurons pour Vénus et Adonis, Psyché, La Cigale et la Fourmi, fables de Dorat, Irza et Marsis, etc. Vingt-deux pièces. Épreuves tirées hors texte.

EISEN et MARILLIER (d'après)

312 — Titres pour : Lettres en vers. Nouvelle Zélis au bain, — Mes fantaisies, — Les Baisers, — Zélis au bain, — Les Tourterelles de Zelmis, — Mes nouveaux torts, etc. Dix-huit pièces.

FICQUET (Etienne)

313 — *La Mothe Le Vayer* (F. de), d'après Nanteuil, — *Descartes* (René), d'après Hals. Deux portraits in-8. Belles épreuves.

FLAMEN (Albert)

314 — Le nouveau rétablissement de l'état bachique ou les troubles du vin vieux dissipés par le nouveau (R. D., 377). Très belle épreuve, marge.

315 — Vues de divers paysages, alentour de Paris. Suite de douze pièces dont nous n'avons que huit (R. D., 492-503. Très belles épreuves.

316 — Paysages des environs de Paris. Huit pièces d'une suite de douze (R. D., 504-515). Très belles épreuves.

317 — Vues et paysages du château de Longuetoise et des environs (R. D., 524-535). Très belles épreuves, en partie avant les numéros.

318 — Cinq pièces doubles de la suite précédente. Très belles épreuves.

319 — Vues des environs de Paris tirées de diverses suites. Douze pièces. Très belles épreuves.

320 — *Jansénius* (C.). In-fol. Très belle épreuve d'une pièce non décrite.

FLAMEN (Albert)

321 — Le Temps misérable qui ne peut attraper l'argent, — A Paris, chez Pierre Bertrand, rue Saint-Jacques... Grande et belle pièce allégorique, non décrite. Très belle épreuve avec marge. Rare.

FLAMENG (L.)

322 — L'Angélique, d'après Ingres, — Portrait de Mme Feydeau, d'après Carolus Duran, avant la lettre. Deux pièces. Épreuves sur chine.

323 — Naissance de Vénus, d'après Cabanel. Épreuve sur chine.

324 — La Source, d'après Ingres. Très belle épreuve avant la lettre, sur chine.

FLORIS (Franz)

325 — La Victoire entourée de prisonniers et de trophées. Belle épreuve. Rare.

FORSTER et GIRARDET

326 — L'Aurore et Céphale, d'après Guérin, — La Mort du duc de Berry. — La Naissance du duc de Bordeaux, — La Famille italienne. Trois pièces avant la lettre. Belles épreuves.

FOULQUIER

327 — Suite de dix-huit pièces gravées à l'eau-forte, pour les Caractères de La Bruyère. épreuves avant la lettre, sur chine volant.

328 — Suite de dix-huit pièces gravées à l'eau-forte, pour les Lettres de Mme de Sévigné. Épreuves avant la lettre, sur chine.

329 — Suite complète de vingt eaux-fortes et un portrait, pour les Œuvres de Boileau. Épreuves avant la lettre, sur chine volant.

FOULQUIER

330 — Suite complète de cinquante eaux-fortes (portrait compris), pour les Œuvres de Molière publiées par Mame. Épreuve avant la lettre, sur chine volant.

FRAGONARD (H.)

331 — Le Parc (P. de B., 4). Belle épreuve d'une pièce rare, plus la copie gravée par Saint-Non. Deux pièces.

332 — Quatre Bacchanales (P. de B., 6-9). Superbes épreuves, avec marges.

333 — Compositions gravées à l'eau-forte, d'après des tableaux italiens. Cinq pièces. Belles épreuves.

FRAGONARD (d'après H.)

334 — Le Baiser à la dérobée, par N. F. Regnault. Très belle épreuve avant la lettre.

335 — L'Heureuse fécondité, — L'Éducation fait tout, — Le Petit prédicateur. Trois pièces gravées par De Launay. Très belles épreuves.

336 — Le Serment d'amour, — La Bonne mère. Deux pièces faisant pendants, gravées par J. Mathieu et N. De Launay. Très belles épreuves.

337 — Spirat adhuc amor, par le comte de Paroy. Jolie pièce imprimée en bistre. Très belle épreuve.

338 — Groupes d'amours sur des nuages, — Sujets de genre et paysages. Cinq pièces gravées par Saint-Non et imprimées en bistre. Très belles épreuves.

339 — Annette à l'âge de quinze ans, — Annette à l'âge de vingt ans. Deux pièces faisant pendants, gravées par Godefroy. Très belles épreuves.

340 — Treize gravures, in-4, par divers graveurs, pour illustrer les Contes de La Fontaine. Édition in-4, de Didot. Très belles épreuves.

FRAGONARD (d'après H.)

341 — Le Temps orageux, par J. Mathieu. Très belle épreuve.

342 — Objets d'art et antiquités des musées d'Italie, gravés par Saint-Non. Vingt-deux pièces. Très belles épreuves.

343 — Portrait d'homme en pied, assis sur une chaise, par Demarteau (251). Très belle épreuve, marge.

FRAGONARD ET **LE PRINCE** (d'après)

344 — Paysages gravés par Saint-Non. Vingt-neuf pièces. Très belles épreuves.

FRANÇOIS (SIMON)

345 — Saint Sébastien (R. D., 2). Très belle épreuve.

FREUDEBERG (d'après S.)

346 — La Félicité villageoise, par N. De Launay. Belle épreuve.

347 — L'Heureuse union, par Bosse. Belle épreuve avant la réduction de la planche, sans marge.

348 — Le Lever, par A. Romanet, 1774. Très belle épreuve.

349 — Le Bain, par A. Romanet, 1774. Très belle épreuve.

350 — La Soirée d'hiver, par Ingouf, 1774. Très belle épreuve, grande marge.

351 — Le Bain, par A. Romanet, 1774. Très belle épreuve, marge.

352 — La Visite inattendue, par Voyez l'aîné. Belle épreuve.

FROMMEL

353 — Sechs landschaftliche, original-Radirungen. Onze pièces dans la couverture de publication.

GAILLARD (F.)

354 — Œdipe, d'après Ingres. Epreuve d'artiste, sur chine.

GAILLARD (F.)

355 — L'Homme à l'œillet, d'après Van Eyck, — Dom Prosper Guéranger. Deux pièces. Epreuves sur chine.

356 — *Pie IX*, — Henri, comte de Chambord. Deux portraits in-fol. Très belles épreuves sur chine.

GAULTIER (L.)

357 — Les heureuses et fatales devises de Monseigneur le Dauphin et de Madame, fille unique de Henri III, roy de France et de Navarre. Très belle épreuve. Rare.

358 — Vue de Paris à vol d'oiseau. Très belle épreuve, marge.

359 — *Faber* (Nicolas), — *Paul V*, pape, — *Montpensier* (Henri, duc de). Trois portraits in-8. Belles épreuves.

360 — Portrait au naturel de Monseigneur le Dauphin, né à Fontainebleau, le 27 septembre, à dix heures de nuict 1601. In-8. Très belle épreuve.

361 — *Fauchet* (Claude). In-8. belle épreuve.

362 — *Sales* (le vray pourtrait du bienheureux messir François de). In-8. Très belle épreuve.

GERMAIN (P.-F.)

363 — Journée du 25 juin 1791. Le Roi arrivant de Varennes à Versailles. Très belle épreuve.

GÉRICAULT

364 — Cheval sautant une barrière, — La Course, — Le Départ pour la course; ces deux dernières d'après Géricault. Lithographiées par E. Le Roux.

GHEYN (J. DE)

365 — *Brahé* (Tycho), — *Clusii* (Caroli). Deux portraits in-4. Belles épreuves.

GHEYN (J. DE)

366 — *Condé* (Henri de Bourbon, prince de). In-8. Très belle épreuve.

367 — *Grotius* (Hugues), dans sa jeunesse. In-8. Très belle épreuve, marge.

GHISI (GEORGE)

368 — Un cimetière, où des squelettes sortent de leurs tombeaux et reprennent une nouvelle chair, pour paraître au jugement dernier (B., 69). Très belle épreuve.

369 — *Bonaroti* (Michel-Ange). (B., 71). Belle épreuve.

GILLOT (CL.)

370 — Feste de Bacchus, célébrée par des satyres et bachantes, — Feste de Faune, Dieu des forêts, — Feste de Diane troublée par des satyres, — Feste du dieu Pan, célébrée par des sylvains et des nymphes. Suite de quatre pièces. Très belles épreuves, grandes marges.

371 — Feste de Faune, dieu des forest, — Feste de Bacchus, célébrée par des satyres et des bacchantes. Deux pièces. Très belles épreuves.

372 — Feste de Bacchus, célébrée par des satyres et des bacchantes. Très belle épreuve avant les vers, marge.

373 — La Naissance, — L'Education, — Le Mariage, — Les Obsèques. Suite de quatre pièces. Très belles épreuves, marges.

374 — La Passion des richesses, — La Passion de l'Amour, La Passion de la guerre, — La Passion du jeu. Suite de quatre pièces. Très belles épreuves.

375 — Les Ages de la vie. Suite de quatre pièces. Très belles épreuves.

GILLOT (Cl.)

376 — Repas distingué, — Repas commun, — Rêve magique, — Triomphe de Minerve, — Marche de calotins, — Ecole de jeunesse, — Sommeil de campagne, — Plaisirs innocents. Suite de huit pièces. Très belles épreuves.

377 — Diableries. Deux pièces faisant pendants. Très belles épreuves.

378 — Buffet dressé dans un parc. Très belle épreuve. Rare.

379 — Costumes de la comédie italienne. Trente-six pièces. Très belles épreuves.

380 — Vignettes pour illustrer les fables de Lamotte. Soixante-trois pièces. Très belles épreuves.

381 — Bacchus, — Flore, — Neptune, — Thêtis. Quatre pièces panneaux arabesques pour tapisseries. Belles épreuves.

382 — Apollon, — Diane, — Arabesques, — Titre de la Comédie italienne. Cinq pièces.

383 — Dessus de clavecin gravé d'après le dessin original inventé par Gillot. Très belle épreuve.

GOLTZIUS (H.)

384 — Les Chefs-d'œuvre de Henri Goltzius. Suite de six estampes (B., 15-20). Très belles épreuves.

385 — La Sainte Vierge et saint Joseph montrant aux bergers Jésus qui vient de naître (B., 21). Trois pièces de la Passion de Jésus-Christ. Quatre pièces. Bonnes épreuves.

386 — La Passion de Jésus-Christ. Suite de douze estampes (B., 27-38), dont nous n'avons que neuf. Belles épreuves.

387 — *Galle* (Philippe), graveur à Anvers (B., 170). Très belle épreuve.

GOLTZIUS (H.)

388 — *Henri IV*, roi de France et de Navarre (B., 173). Belle épreuve avec marge.

389 — *Henri IV*, roi de France (B., 174). Très belle épreuve.

390 — Portrait de *Nicquet* (B., 177). Belle épreuve.

391 — *Orange* (Guillaume de Nassau, prince d') (B., 178). Très belle épreuve.

392 — Vénus assise au pied d'un arbre, tenant des raisins d'une main et recevant de l'autre des épis de bled que l'amour lui présente, d'après Augustin Carrache (B., 257). Très belle épreuve.

GOLTZIUS (d'après H.)

393 — Les Divinités qui président aux sept planètes. Suite de sept estampes. Très belles épreuves, marges. Rare.

GRANTHOMME (Jacques)

394 — *Garnier* (Robert), poète. Très belle épreuve.

395 — *Henri III*, roi de France (R. D., 58). Très belle épreuve.

GRAVELOT (d'après H.)

396 — Suite de vingt-sept gravures in-8, dont un portrait, gravé par Saint-Aubin, pour les contes Moraux de Marmontel, 1765. Très belles épreuves, toutes marges.

397 — Vignettes in-8 pour les œuvres de Rousseau et de Corneille. Dix-neuf pièces. Très belles épreuves.

GREUZE (d'après J.-B.)

398 — L'Oiseau mort, par J.-J. Flipart. Très belle épreuve.

GUDIN (J.-M.)

399 — **Berri** (S. A. R. Caroline-Ferdinande-Louise), duchesse de), d'après Hesse. In-fol. Très belle épreuve.

GUERARD (N.)

400 — Diverses pièces d'arquebuserie, enrichies de figures et d'ornements, de damasquine et d'argent de raport, inventez, dessignez et gravez par Nicolas Guérard. Suite de dix pièces. Très rare.

HOLLAR (W.)

401 — La Danse des morts. Douze pièces au milieu de bordures ornementées. Très belles épreuves.

402 — Paysages d'après Breughel. Trois pièces. Belles épreuves.

403 — Portrait du père d'Albert Durer, d'après lui-même. In-4. Belle épreuve.

404 — *Malderus* (J.), d'après Van-Dyck. Très belle épreuve du 1er état, avec l'adresse de Meyssens.

405 — *Philippe IV*, roi d'Espagne, Anne-Marie d'Autriche, reine d'Espagne. Deux portraits in-4. Belles épreuves.

406 — Portraits et bustes d'hommes et de femmes, d'après Hollar et Martin Schongauer. Huit pièces. Très belles épreuves.

407 — Portraits divers, d'après Van Oort, Van Dyck et autres Sept pièces. Très belles épreuves.

408 — Etudes de têtes, d'après L. de Vinci, — Buste de femme indienne, — Manchon, fichu et loup. Quatre pièces. Très belles épreuves.

HONDIUS (H.)

409 — Paysages, avec sujets tirés de l'histoire de l'enfant prodigue. Trois pièces. Très belles épreuves.

HOUEL

410 — Profil de jeune femme (Madame Blondel d'Azincourt). In-4. Très belle épreuve.

HUBERT-ROBERT

411 — Les Soirées de Rome dédiées à Mme Le Comte des Académies de Saint-Luc de Rome.... Suite de dix planches dessinées et gravées par M. Robert, pensionnaire du roi de France à Rome (P. de B., 1-10). Très belles épreuves. Rares.

HUET (d'après J.-B.)

412 — L'Amant écouté, par Bonnet, en couleur. Belle épreuve.

413 — Les Laveuses, — Vue d'une fontaine antique. Deux pièces gravées par Jubier. Belles épreuves.

INCROYABLES

414 — Point de convention, — La Folie du jour, — Les Croyables au Pérou. Trois pièces gravées par Tresca. Superbes épreuves, toutes marges.

INGRES (d'après)

415 — Portrait de Madame Gatteaux, gravé par Dien. In-fol.

ISABEY

416 — S. A. R. Madame la Dauphine, — L'Escarpolette. Deux pièces lithographies.

JANINET (F.)

417 — *Colombe* (Mlle), de la Comédie italienne, en couleur. Belle épreuve, monté en dessin.

JEAURAT (d'après Et.)

418 — La Jeunesse, — La Vieillesse. Deux pièces faisant pendants, gravées par Lépicié. Superbes épreuves, grandes marges.

KAERIUS (P.)

419 — Le Bénédicité, grande pièce in-fol. en largeur. Belle épreuve.

LA COLLOMBE (DE)

420 — Nouveaux desseins d'arquebuserie, dessinés et gravés par de Lacollombe. Paris, 1730. Suite de onze pièces, dont nous n'avons que neuf. Superbes épreuves, toutes marges.

LANCRET (d'après N.)

421 — Les Charmes de la conversation, par Petit, — Le Matin, par de Larmessin. Deux pièces. Très belles épreuves.

422 — Grandval, par Le Bas. Superbe épreuve, grande marge.

423 — Nicaise, — La Servante justifiée. Deux pièces gravées par de Larmessin. Très belles épreuves avant l'adresse de Buldet.

424 — Le Philosophe marié, — Le Glorieux. Deux pièces faisant pendants, gravées par Dupuis. Très belles épreuves.

425 — Le Printemps, — L'Hiver. Deux pièces, gravées par Audran et Le Bas. Très belles épreuves avec marges.

426 — Mademoiselle Sallé, par N. de Larmessin. Très belle épreuve.

LARMESSIN (N. DE)

427 — *Hallé* (Claude), d'après Le Gros. In-fol. Belle épreuve.

LA RUE (F. R. DE)

428 — Bacchanales. Quatre pièces gravées à l'eau-forte. Belles épreuves.

LASSALLE (EMILE) ET GIRARDET

429 — Les Montagnes d'Auvergne, — Un Portrait mal payé. Deux pièces.

LAVREINCE (d'après N.)

430 — L'Aveu difficile, par Janinet (8). Superbe épreuve en couleur, un peu abimée.

LAVREINCE (d'après N.)

431 — Le Contretemps, par F. Dequevauviller. Bonne épreuve.

432 — Ecole de danse, par F. Dequevauviller. Très belle épreuve.

433 — L'Indiscrétion, par Janinet. Superbe épreuve, en couleur.

434 — Le Lever des ouvrières en modes, par F. Dequevauviller. Très belle épreuve.

435 — Le Lever des ouvrières en modes, par F. Dequevauviller. Très belle épreuve.

436 — La Partie de musique, par Varin. Bonne épreuve.

LE BAS (J. P.)

437 — Revue de la maison du roi au trou d'enfer, d'après Le Paon. Très belle épreuve.

LEBLOND (M.)

438 — Manches de couteaux, 1626. Deux pièces. Très belles épreuves.

LE BRUN (d'après Mme)

439 — Monseigneur le dauphin et Madame, fille du roi, gravé par Blot. Très belle épreuve.

LE CLERC (d'après)

440 — Le Jeu de Domino, — Le Jeu de Dames. Deux pièces faisant pendants gravées à la sanguine par Bonnet. Très belles épreuves.

LEGRAND (A.)

441 — La Pénitence, — La Récréation. Deux pièces en couleur faisant pendants. Très belles épreuves.

LÉPICIÉ (B.)

442 — Watteau (Antoine), d'après-lui-même. In-8. Belle épreuve.

LE PRINCE (d'après J.-B.)

443 — L'Amour à l'espagnole, par Saint-Aubin et Pruneau. Belle épreuve, toute marge.

444 — Le Bonheur du ménage, — Le Marchand de lunettes. Deux pièces gravées par De Launay et Helman. Très belles épreuves.

445 — Paysages et Sujets russes. Douze pièces gravées à la manière du lavis. Belles épreuves.

LESPINASSE (d'après LE CHEVALIER DE)

446 — Vues de Paris et de Versailles, tirées du Voyage de Laborde. Quinze pièces gravées par Née et Masquelier. Très belles épreuves.

447 — Vue du Palais royal, des Galeries et du Jardin, gravé par Varin frères. Très belle épreuve, grande marge.

LEU (TH. DE)

448 — *Argentré* (Bertrand d'), président au siège du Sénéchal de Rennes (R. D., 300). Superbe épreuve du premier état.

449 — *Caron* (Antoine), peintre (330), — *Conti* (François de Bourbon, prince de) (349), — *Élisabeth* d'Autriche, reine de France (360), — *Fauchet* (Claude) (370), — *La Framboisière* (Nicolas-Abraham de) (429). Premier état. Cinq pièces. Belles épreuves.

450 — *France* (François de Valois, Dauphin de) (R. D., 371). Superbe épreuve, marge.

451 — *François Ier*, — *Eléonore* d'Autriche, — *Henri II*, — *François II*, — *Henri III*, — *Henri IV*, — Marie de Médicis. Sept portraits. Bonnes épreuves.

452 — *Henri III*, roi de France (R. D., 393). Très belle épreuve du premier état, doublée.

453 — *Henri III*, roi de France. Bonne épreuve.

LEU (Th. de)

454 — *Henri IV*, roi de France (R. D., 407). Très belle épreuve.

455 — *Hervet* (Gentien), chanoine de Reims (R. D., 419). Très belle épreuve.

456 — *Lorraine* (Louise de) (R. D., 441). Très belle épreuve.

457 — *Louis XIII*, roi de France (443). Très belle épreuve, marge.

458 — *Servien* (Louis), avocat général au Parlement de Paris (486). Superbe épreuve du premier état, avant la lettre.

459 — *Soissons* (Charles de Bourbon, comte de) (488), — Verneuil (Henriette de Balzac-d'Entragues, duchesse de) (501), etc. Trois pièces. Belles épreuves.

LEYDE (L. de)

460 — Tête d'un guerrier (B., 160), — Une composition d'ornemens (B., 162), — Un panneau d'ornemens (B., 164). Trois pièces. Belles épreuves.

LIGNON (F.)

461 — *Louis XVIII*, d'après Augustin. In-4. Épreuve sur chine.

LONDERSEEL (J.)

462 — Vue intérieure de l'église Saint-Jean de Latran, d'après H. Arts. Belle épreuve.

463 — Paysages animés de sujets bibliques. Sept pièces. Très belles épreuves.

DE LONGUEIL

464 — Vue du décintrement du pont de Neuilly, fait en présence du Roy, le 22 septembre 1778. Très belle épreuve avec la bordure.

LOUTHERBOURG (P.-J. de)

465 — Les Heures du jour. Suite de quatre pièces. Belles épreuve.

MAITRE ANONYME ALLEMAND, XVIe SIÈCLE

466 — Un couple de danseurs. Très belle épreuve.

MAITRE ANONYME DE L'ÉCOLE DE MARC-ANTOINE

467 — La Poursuite (B. T. XV, p. 48, n° 4). Superbe épreuve.

MAITRE FRANÇAIS AU MONOGRAMME C. B. 1550

468 — Jésus célébrant la Cène avec ses disciples, d'après Jean Cousin. Rare.

MAITRE ANONYME DU XVIe SIÈCLE

469 — Figures d'apôtres, de la vie de la Vierge et de Notre-Seigneur, entourées de bordures ornementées. Douze pièces imprimées sur trois feuilles. Extrêmement rares.

MAITRE AU DÉ

470 — Combat naval (B. 78), — Sacrifice de Priape (B. 27). Deux pièces. Belles épreuves.

MALLET (d'après)

471 — Julie ou le Premier baiser de l'Amour, par Copia, en couleur. Très belle épreuve.

MANTEGNA (d'après ANDREA)

472 — Le Triomphe de Jules César. Suite de neuf pièces gravées par Andréani (B. T. XII, p. 101, n° 11). Très belles épreuves.

MARCOU (F.)

473 — Plusieurs pièces d'arquebuserie recueillies et inventées par François Marcou, maître arquebuzier à Paris. C. Jacquinet sculpsit. Neuf pièces.

MARILLIER (d'après)

474 — Huit figures in-8 pour les Contes de La Fontaine.

MARILLIER (d'après)

475 — Titre gravé par de Ghendt, pour le Parnasse des Dames. Très belle épreuve avant la lettre.

MARTINI (P. A.)

476 — Coup d'œil exact de l'arrangement des peintures au Salon du Louvre en 1785, — Exposition au Salon du Louvre en 1787. Deux pièces faisant pendants. Très belles épreuves.

MASSON (Ant.)

477 — Son portrait, gravé par lui-même, d'après P. Mignard (R. D., 1). Très belle épreuve.

478 — *Patin* (Charles) (R. D., 60), — *Péréfixe* (Hardouin de Beaumont de), d'après Mignard (61). Deux portraits. Très belles épreuves.

MATHAM (J.)

479 — L'Amour domptant le dieu Pan, d'après Arpinus (B., 91). Très belle épreuve.

MAUPERCHÉ

480 — L'Œuvre de cet artiste, en quinze pièces gravées à l'eau-forte. Très belles épreuves.

481 — Paysages. Deux suites de six pièces. Belles épreuves.

MIGER

482 — *Hubert-Robert*, d'après Isabey. In-fol. Superbe épreuve avant la lettre, marge.

MODENE (N. de)

483 — Panneau d'ornement (B. 57). Belle épreuve.

MOREAU (d'après L.)

484 — On y court plus d'un danger, — Le Villageois entreprenant. Deux pièces faisant pendants, gravées par Germain et Patas. Très belles épreuves, marges.

MOREAU (d'après L.)

485 — Vue de Monceaux, par Mlle Élise Saugrain. Très belle épreuve.

MOREAU (J.-M.)

486 — Le Bal masqué, — Le Festin royal. Deux pièces faisant pendants. Bonnes épreuves.

487 — Arrivée de la reine à l'Hôtel de Ville, — Le Feu d'artifice. Deux pièces.

488 — Seconde suite d'estampes, pour servir à l'histoire des modes et du costume en France dans le dix-huitième siècle, année 1776. A Paris, chez M. Moreau, graveur du cabinet du Roi, cour du Mai, au Palais, hôtel de la Trésorerie, A. P. D. R. Réductions in-8 des grandes planches, par les mêmes graveurs.

Superbes épreuves avec toutes leurs marges. Cette suite est de la plus grande rareté à trouver complète, surtout avec le titre que nous possédons ici.

489 — Suite de vignettes in-8, pour les œuvres de Rousseau, édition Poincot. 52 pièces.

MORIN (J.)

490 — *Anne d'Autriche,* d'après Ph. de Champagne. Deux portraits différents (R. D., 40-41). Superbes épreuves.

491 — *Thou* (Christophe de), président au parlement (R. D., 78). Belle épreuve.

492 — *Vignerot* (Amador J.-.B), abbé, puis marquis de Richelieu (R. D., 85). Belle épreuve.

493 — *Vitré* (Antoine), imprimeur, d'après Ph. de Champagne (R. D., 88). Très belle épreuve.

MOUILLERON (A.)

494 — Un coin de jardin, d'après Bodmer. Belle épreuve.

MULLER (J.)

495 — *Adrien Marius*, chancelier de la province des Gueldres et conseiller de l'empereur Charles V (B., 16). Belle épreuve.

496 — Orange (Maurice, prince d'), d'après Mierevelt (B., 58). Très belle épreuve.

MULLER (Herman) excudit.

497 — *Farnèse* (Alexandre). In-4. Très belle épreuve.

MULLER (J.-G.)

498 — *Vigée-Lebrun* (Louise-Elisabeth), d'après elle-même. In-fol. Très belle épreuve.

NANTEUIL (R.)

499 — *Bochard de Saron* (11), chanoine (R. D., 42). Très belle épreuve.

500 — *Castelneau* (J., Maréchal de) (R. D., 58). Très belle épreuve.

501 — *Sève* (Alex. de), prévôt des marchands (R. D., 82). Très belle épreuve.

502 — *Dorieu* (Jean), président de la Cour des Aides (R. D., 84). Très belle épreuve.

503 — *Faure* (Charles), abbé de Sainte-Geneviève (R. D., 94), *Dupuy* (Pierre) (R. D., 88). Deux pièces. Belles épreuves.

504 — *Le Masle* (Michel) (R. D., 126). Très belle épreuve.

505 — *Longueil*, marquis de Maisons (René de), magistrat (R. D., 165). Très belle épreuve.

506 — *Lionne* (Hugues de), homme d'État (R. D., 146). Belle épreuve du premier état.

507 — *Mazarin* (J.), cardinal. Deux portraits différents. Très belles épreuves.

NANTEUIL (R.)

508 — *Servien* (Fr.), évêque de Bayeux (R. D., 225). Belle épreuve.

509 — *Steenberghen* (J.-Bapt. van), dit l'Avocat de Hollande (R. D., 226). Belle épreuve.

NIELLES

510 — Cent dix pièces ornements pour arquebuserie, couteaux, etc. Très rares.

511 — Nielles d'un armurier parisien, dix-septième et dix-huitième siècles. Cent onze pièces en 1 vol. in-8 obl. demi-mar. rouge, dos et coins.

OSTADE (Adrien van)

512 — Œuvre complet d'Adrien van Ostade, peintre célèbre, inventé et gravé par lui-même. Titre et cinquante pièces.

513 — Le Père de famille, — Gueux debout, les mains derrière le dos, — La Tendresse champêtre, — Le Fumeur à la fenêtre, — La Danse au cabaret. Cinq pièces.

OZANNE

514 — Vues de Paris, gravées par Jeanne-Françoise et Marie-Jeanne Ozanne. Suite de six pièces. Très belles épreuves.

PATERRE (d'après J.-P.)

515 — Marche comique, par Ravenet. Très belle épreuve.

PENCZ (George)

516 — Les six Triomphes décrits par Pétrarque. Suite de six estampes (B., 117-122). Belles épreuves.

517 — Composition d'ornements (B., 123). Belle épreuve.

PERCIER (d'après)

518 — Douze gravures en tête de pages pour les fables de La Fontaine. Édition in-fol. Très belles épreuves, toutes marges.

PERCIER (d'après).

519 — Douze gravures in-8 en travers, de l'édition in-fol. d'Horace, de Didot. Belles épreuves à petites marges, montées de format in-fol.

PERELLE

520 — Paysages, 34 pièces. Belles épreuves.

PERNET (d'après)

521 — Vues de Palais. Deux pièces de forme ronde, gravées en couleur par Chapuy. Belles épreuves.

PESNE (JEAN)

522 — *Poussin* (Nicolas) (R. D., 6). Belle épreuve.

PETERS (d'après)

523 — La Petite Marchande de carpes, par Le Vasseur. Très belle épreuve.

PICART (J.)

524 — Allégorie religieuse : au milieu, un évêque debout devant un siège, les bras étendus. Très belle épreuve.

PICART (BERNARD)

525 — Le Jeu du pied de bœuf, — Le Jeu de l'Ombre. Deux pièces faisant pendants. Très belles épreuves, marges.

526 — Le Concert dans le parc. Pièce en largeur très curieuse pour les costumes. Très belle épreuve, marge.

527 — Planches inventées et gravées pour des Epithalames ou noces. Quinze pièces, avec le texte explicatif. Superbes épreuves.

PICARD ET COUVAY

528 — *Toyras* (Messire Jean de Saint-Bonnet, seigneur de), — *Sevin* (Nicolas), d'après Van-Mol. Deux portraits in-4. Belles épreuves.

PILLEMENT (J.)

529 — Recueil de fleurs de caprice, inventé et dessiné par Jean Pillement. Se vend à Paris, chez Leviez. Suite de neuf pièces dont un titre. Très belles épreuves avec marges.

530 — Recueil de plusieurs jeux d'enfants chinois, — Fleurs, etc. Treize pièces.

PODESTA (J.-A.)

531 — Bacchanale (B., 4), — La suite des amours rassemblés dans une campagne agréable autour de la statue de Vénus (B., 8). Deux pièces. Belles épreuves.

PRUD'HON (P.-P.)

532 — Une Lecture, — Une famille malheureuse. Deux pièces. Epreuves sur chine.

PRUD'HON (d'après P.-P.)

533 — L'Amour réduit à la raison, — Le Cruel rit des pleurs qu'il fait verser. Deux pièces faisant pendants, gravées par Copia. Très belles épreuves, toutes marges.

534 — Les mêmes estampes. Très belles épreuves.

535 — Naufrage de Virginie, par B. Roger. Très belle épreuve imprimée en couleur, toute marge.

536 — Abrocome E. Anzia, par B. Roger. Epreuve avant la lettre, — Daphnis et Chloë, par Roger. Deux pièces. Belles épreuves.

537 — Minerve alimentant les arts et les sciences, par Mlle A. Bleuze. Belle épreuve.

538 — Triomphe de l'Empereur, par Sudre. Epreuve avant toute lettre, sur chine.

539 — Thémis, — La Danse, — Joseph et Putiphar, etc. Cinq pièces par Boilly et Le Roux.

PRUD'HON (d'après P.-P.)

540 — La Toilette, par Maurin. Belle épreuve avant la lettre.

541 — Une famille malheureuse, — La Soif de l'or, — Marguerite, — Une Pensée, — Les Vendanges, — Le Triomphe de Vénus. Six pièces lithographiées par Aubry-le-Comte. Très belles épreuves.

542 — Le Sommeil, — Le Réveil, — Mademoiselle Meyer. Trois pièces gravées par Flameng. Epreuves sur chine.

543 — Vénus se regardant dans l'eau, — Vénus et Adonis, — L'Egratignure, — La Caresse, — Les Muses, — Thémis, — Les Heures du jour, — Plafond de Diane au Louvre. Quatorze pièces lithographiées par Boilly. Très belles épreuves, plusieurs sont avant la lettre.

544 — Le Zéphir, — Le Rêve, — Volupté, — L'Etude guide l'essor du génie. Quatre pièces litographiées par Aubry-le-Comte, Le Roux et Grevedon. Belles épreuves.

PRUD'HON et **GÉRARD**

545 — Suite de gravures in-4, par divers graveurs, pour l'Art d'aimer et Daphnis et Chloé. Treize pièces. Très belles épreuves.

QUEVERDO (F.-M.)

546 — Les Saisons. Suite de quatre pièces arabesques en hauteur. Très belles épreuves.

RABEL (J.)

547 — Les Divinités du paganisme. Suite de vingt-deux estampes (R. D., 16-37). Très belles épreuves.

RAFFET

548 — S. A. R. Mgr le duc d'Aumale. Très belle épreuve sur chine coupé.

549 — La Revue nocturne, — Le Réveil, — Charge de Hussards républicains. Trois pièces. Belles épreuves.

RAIMONDI

550 — Le Satyre portant une nymphe (B., 300). Très belle épreuve.

551 — La Poésie (B., 382), — La Vendange (B., 306). Deux pièces. Bonnes épreuves.

552 — La Frise à l'amour et à la sirène (B., 539), — Panneaux d'ornements (555 et 557, 559-561). Cinq pièces gravées par Aug. Vénitien. Très belles épreuves.

REGNAULT (N.-F.)

553 — Dors, dors, — Ah ! s'il s'éveillait ! Deux pièces faisant pendants. Très belles épreuves.

REMBRANDT (P. VAN RIYN)

554 — Le Denier de César, — Le Martyre de saint Etienne, — La Synagogue des Juifs. Trois pièces. Bonnes épreuves.

ROBERT (LÉOPOLD)

555 — Le Repos du pâtre, — Sujets tirés de la suite : Croquis par divers artistes. Quatre pièces.

ROUSSELET ET VERMEULEN

556 — *Charles*, bâtard de Valois, d'après Champagne, — *Broglie* (Charles Amédée, comte de Revel), d'après Rigaud. Deux portraits in-fol. Très belles épreuves.

SADELER (C.)

557 — Les mois de l'année. Suite de six estampes en largeur d'après Paul Bril. Très belles épreuves.

558 — Portraits. Trois pièces in-4. Belles épreuves.

SAENREDAM (J.)

559 — La Parabole des cinq vierges sages et des cinq vierges folles. Suite de cinq estampes (B., 2-6). Très belles épreuves.

SAENREDAM (J.)

560 — Les Divinités des sept planètes, et les occupations des hommes, auxquelles elles président. Suite de sept estampes d'après Goltzius (B., 73-79). Très belles épreuves.

561 — Les Trois sortes de mariages. Suite de trois estampes d'après Goltzius (B., 84-86). Très belles épreuves.

562 — Les Quatre parties du jour. Suite de quatre estampes, d'après Goltzius (B., 91-94). Très belles épreuves.

SAENREDAM ET MATHAM

563 — Un Paysan et une paysanne hollandaise apportant au marché du beurre et d'autres denrées, d'après Goltzius (B., 102), — Diane, déesse de la lune, favorisant les amours d'un jeune homme qui va jouer de la guitare sous les fenêtres de sa maîtresse (B., 148), etc. Trois pièces. Très belles épreuves.

SAINT-AUBIN (Germain de)

564 — Le Papillon jaloux (P. de B., 11), — Le Blessé (P. de B., 5), non décrit. Deux pièces. Très belles épreuves. Rares.

SAINT-AUBIN (d'après Aug. de)

565 — Le Concert, par A. J. Duclos. Superbe épreuve avant l'adresse de Chéreau.

566 — Le Bal paré, par Duclos. Bonne épreuve, teinte en bleu dans certaines parties.

SAINT-JEAN (J.-D. de)

567 — Femme de qualité déshabillée pour le bain. Belle épreuve.

SAINT NON

568 — Vues du Moulin joli. Suite de six pièces d'après Le Prince. Très belles épreuves.

SAINT NOM

569 — Vues d'Italie, d'après Hubert-Robert. Cinq pièces, dont deux imprimées en bistre. Très belles épreuves.

570 — Dessins pour écrans, d'après Le Prince. Huit pièces. Très belles épreuves.

SALAMBIER (d'après)

571 — Troisième cahier de trophées. Six pièces gravées à la sanguine par Bonnet. Très belles épreuves.

SANTVOORT (A.)

572 — Vue d'une ville de Flandre, gravé à Bruxelles. Belle épreuve.

SCHALL (d'après F.)

573 — Les Espiègles, par Descourtis, en couleur. Belle épreuve, sans marge.

574 — The officious Waiting Woman, par Chaponnier. Très belle épreuve.

SCHENAU (d'après)

575 — *Pompadour* (la marquise de), gravé par Littret. In-4. Belle épreuve.

SCHUPPEN (P. VAN)

576 — *Arnauld* (la Mère Marie Angélique), d'après Champagne. In-fol. Très belle épreuve.

577 — *Courtenay* (Anne de Courtenay). In-fol. Très belle épreuve.

578 — *Desponts* (Ph.), théologien, in-fol., — *Le Sueur* (Eustache), in-4, — *Perrault* (Charles), gravé par Baudot, d'après Le Brun, in-fol. Trois portraits. Belles épreuves.

579 — *Louis XIV*, d'après Vaillant, in-fol. Belle épreuve.

580 — *Meulen* (Fr. Van der), d'après N. de Largillière, in-fol. Belle épreuve.

SCHUPPEN (P. van)

581 — *Orléans* (Anne Marie Louise d'), d'après G. Sève, in-fol. Très belle épreuve.

582 — *Pithou* (Fr. et Pierre). Deux portraits, in-fol. Très belles épreuves.

SILVESTRE (Israel)

583 — Vues de Paris, de France et d'Italie. Dix-sept pièces. Très belles épreuves.

SURUGUE (L.)

584 — Mme de ***, en habit de bal, d'après Coypel, in-fol. Très belle épreuve.

SUYDERHOFF (Jonas)

585 — L'Assemblée des plénipotentiaires ratifiant le traité de paix de Münster, d'après Terburch.

586 — *Descartes* (R.), d'après Hals. Très rare épreuve avant l'inscription dans le haut; les vers du bas coupés. Plus une épreuve avec l'adresse de Carolus Allard. Deux pièces.

587 — *Isabelle-Claire-Eugénie*, infante, d'après Rubens, in-fol. Très belle épreuve.

SWANEVELT (Herman)

588 — Suite de quatre paysages (B., 77-80). Très belles épreuves.

589 — Le Soir, — Le Petit pont de bois (B., 81-82). Très belles épreuves.

590 — Différens Paysages ornés de fabriques. Suite de douze estampes (B., 83-94). Très belles épreuves.

591 — La Montagne (B., 113). Très belle épreuve.

SYLVIUS (Baltazar)

592 — Entrelacs. Six frises imprimées sur deux feuilles. Très belles épreuves.

VALDOR (J.)

593 — *Morus* (Th.), — *Otgerus Loncinus*, — Audience donnée par le Pape. Trois pièces. Belles épreuves.

VAUQUER (J.)

594 — Médaillons ronds renfermant des scènes bibliques, accompagnées sur les côtés de petites frises d'enfants sur fond noir, de petites corbeilles de fleurs et de petits bouquets, etc. Dix-neuf pièces. Très belles épreuves.

VELDE (J. Vanden)

595 — Les Saisons. Suite de quatre pièces d'après Hondius. Très belles épreuves.

VÉRITÉ

596 — Menou (J. F. de), député du département d'Indre-et-Loire. In-4 en couleur. Belle épreuve.

VERNET (d'après Joseph)

597 — Vue de la ville d'Avignon, — La Ville et la rade de Toulon, — Le Port d'Antibes en Provence, — Le Port de Cette, en Languedoc. Quatre pièces gravées par Martini et Cochin. Belles épreuves.

VERNET (C.)

598 — Cris de Paris. Soixante-treize pièces. Très belles épreuves. Rares.

VERNET, CHARLET et BELLANGÉ

599 — Portraits et sujets divers lithographiés par ces trois artistes. Seize pièces. Belles épreuves.

VERTUE (G.)

600 — The Royal procession of Queen Elizabeth to visit the right Hon. Henry Carey Lord Hudson. Très belle épreuve.

VICO (Eneas)

601 — L'Académie de Baccio Bandinelli (B., 49). Belle épreuve.

602 — Dessins et trophées d'armes. Huit pièces d'une suite de seize (B., 434-449). Très belles épreuves.

603 — Rinceau d'ornements à doubler, où l'on remarque à droite la moitié d'un mascaron (B., 464),—Autre rinceau où l'on voit au milieu le crâne d'un bœuf orné d'un fil de grandes perles (B., 465). Deux pièces. Très belles épreuves.

VORSTERMAN (L.)

604 — *Cornelissen* (Antonius), d'après Van-Dyck. Belle épreuve.

WATTEAU (d'après Ant.)

605 — L'Accordée de village, — La Mariée de village. Deux pièces faisant pendants, gravées par de Larmessin et Cochin. Superbes épreuves.

606 — *Du bel âge ou les jeux remplissent vos désirs, — Coquettes qui pour voir galans au rendez-vous.* Deux pièces gravées par Moyreau et Thomassin. Belles épreuves.

607 — Le Bosquet de Bacchus, par C. N. Cochin. Très belle épreuve.

608 — Les Champs Élisées, par N. Tardieu. Très belle épreuve.

609 — Le Chat malade, par J. E. Liotard. Très belle épreuve, marge.

610 — Danse autour du may, arabesque en hauteur. Superbe épreuve, toute marge.

611 — L'Embarquement pour l'île de Cythère, par Chaplin. Belle épreuve.

WATTEAU (d'après ANT.)

612 — Antoine de La Roque, par Lépicié. Très belle épreuve.

613 — La Musette, par Moyreau. Très belle épreuve.

614 — L'Occupation selon l'âge, par Dupuis. Superbe épreuve, grande marge.

615 — Les Plaisirs du bal, par Scotin. Très belle épreuve.

616 — *La plus belle des fleurs ne dure qu'un matin*, par J. M. Liotard. Etude gravée à l'eau-forte par F. Boucher. Deux pièces. Belles épreuves.

617 — *Pour nous prouver que cette belle*....., — *Arlequin, Pierrot et Scapin*..... Deux pièces gravées par L. Surugue, imprimées sur une même feuille. Très belles épreuves, toute marge.

618 — Le Triomphe de Cérès, par Crepy. Très belle épreuve.

619 — La Troupe italienne, par F. Boucher. Belle épreuve.

620 — *Watteau* (A.), par L. Crepy, in-8. Belle épreuve.

621 — La Coquette, — La Favorite de Flore, — Le Marchand d'orviétan, — Le Berger content. Quatre pièces arabesques gravées par Boucher, Moyreau et Crepy. Très belles épreuves.

622 — Le Dénicheur de moineaux, arabesque, par Boucher. Très belle épreuve, grande marge.

623 — Empereur chinois, — Divinité chinoise. Deux pièces arabesques gravées par Huquier. Belles épreuves.

624 — L'Eté, — L'Automne, — L'Amusement, — L'Heureuse rencontre, — Le Chasseur content, — Le Présent champêtre, etc. Sept pièces arabesques gravées par Huquier et Crepy. Belles épreuves.

625 — Feste bacchique, par J. Moyreau, arabesque. Belle épreuve.

WATTEAU (d'après Ant.)

626 — La Grotte, — L'Air, — Le Feu, — La Terre. Quatre pièces arabesques gravées par Huquier. Très belles épreuves.

627 — Les Jardins de Cythère, — Les Jardins de Bacchus. Deux pièces arabesques, gravées par Huquier. Très belles épreuves.

628 — Le Printemps, — Le Dénicheur de moineaux, — Le Repos gracieux, — Vénus blessée par l'amour, etc. Cinq pièces arabesques.

629 — La Voltigeuse, — La Danse bachique. Deux pièces arabesques en hauteur gravées par Huquier. Très belles épreuves. Rares.

WIERIX (les)

630 — *Canisius* (P.), de la Société de Jésus, — *Albret* (Jeanne d'), d'après Marc-Duval, rognée. Deux pièces. Belles épreuves.

631 — Ignace de *Loyola*. Très belle épreuve.

632 — *Médicis* (Marie de), in-4. Belle épreuve.

WILDENS (d'après J.)

633 — Les Mois de l'année. Suite de douze estampes gravées par Hondius, Matham, Stockius et Van de Velde. Très belles épreuves.

WILLE (d'après P.-A.)

634 — L'Ecrivain public, par C. Guttenberg. Très belle épreuve.

635 — Sous ce numéro seront vendus par lots trois portefeuilles d'estampes de toutes les écoles.

LIVRES

636 — **Bocher.** Les Gravures françaises du dix-huitième siècle, ou catalogue raisonné des estampes, eaux-fortes, pièces en couleur, au bistre et au lavis, de 1700 à 1800. Nicolas Lavreince, — Pierre-Antoine Baudouin, — Jean-Baptiste-Siméon Chardin, — Nicolas Lancret, — Augustin de Saint-Aubin. 5 vol. in-4 brochés.

637 — **Cohen.** Guide de l'amateur de livres à gravures du dix-huitième siècle. Cinquième édition, revue, corrigée et considérablement augmentée, par le baron Roger Portalis. Paris, 1887. 1 vol. in-8, broché.

638 — **Foulquier.** Suite d'eaux-fortes pour les Caractères de La Bruyère. Suite de dix-huit pièces, épreuves d'artiste, sur chine, tirées de format in-fol. 1 vol. in-fol., demi-rel. mar. bl.

639 — **Fournel.** Les Cris de Paris. Types et physionomies d'autrefois, par Victor Fournel. Paris, 1887. 1 vol. in-8 broché.

640 — **Petitot.** Suite de vases tirée du cabinet de M. Du Tillet, marquis de Felino, et gravée à l'eau-forte d'après les dessins originaux de M. le chevalier Petitot, par B. Bossi, suivi de la Mascarade à la grecque, par les mêmes artistes. 1 vol. in-fol., demi-rel. veau.

DESSINS

CAUVET

641 — Décoration de fontaine.

Au crayon et encre de Chine.

DELAUNE (Étienne)

642 — Nymphe et Dieu marin.

A la plume.

ÉCOLE FRANÇAISE XVIIIe SIÈCLE

643 — Serment d'amour.

Aquarelle et bistre.

FRAGONARD (H.)

644 — Paysage avec chaumières et figures sur le devant.

A la sépia. Signé au bas de la gauche : Frago.

645 — Pont sur une pièce d'eau à l'entrée d'un parc.

Aquarelle et encre de Chine.

HUBERT-ROBERT

646 — Vue d'un palais, avec fontaine sur le devant.

Aquarelle. Signé, à gauche : Robert. De forme ronde.

647 — Ruines d'un palais ; à droite une statue.

A la sanguine.

LA FAGE (R. de)

648 — Nymphe auprès de la statue du Dieu Pan.

A la plume et lavis d'encre de Chine.

NETSCHER (G.)

649 — Jeune femme debout, le bras gauche appuyé sur un mur, et la main droite posée sur la tête d'un levrier.

A la sanguine. Signé.

PARMESAN (F. Mazuoli, dit le)

650 — L'Enterrement d'un saint.

A la plume et lavis de sépia.

PRIMATICE

651 — Composition allégorique pour plafond.

A la plume et sépia.

ROMAIN (J.)

652 — Les Noces de Cana.

A la plume et lavis de sépia.

653 — Combat de cavaliers.

A la sanguine.

SAINT-AUBIN (G. de)

654 — Croquis de paysage, avec personnage sur le devant.

A la plume et mine de plomb. Daté, en bas : 25 mars 1760.

SCHALKEN (G.)

655 — Femme nue assise.

Aux trois crayons.

THIRRY (Leonard)

656 — Mars et Vénus sur un lit, surpris par Vulcain.

A la plume et lavis de bistre.

TRINQUESSE (L.-R.)

657 — Jenne femme devant une cheminée, assise sur une chaise et dormant.

A la sanguine. On lit, au bas de la droite : « Dessiné par Louis Rolland Trinquesse, le 16 février 1775. Après lacademy. »

658 — Jeune femme assise, le coude appuyé sur une table.

A la sanguine.

VENITIEN (Aug.)

659 — Panneau d'ornements.

A la plume et lavis de bleu.

VIVARÈS (F.)

660 — Concert chinois.

Au lavis d'encre de Chine.

WATTEAU (Ant.)

661 — Etude de femme assise, vue de dos.

A la sanguine.

WITT (J. de)

662 — Groupe d'amours au pied d'un autel.

Aux crayons noir et blanc, sur papier bleu.

663 — Figures de femmes et amours sur des nuages. Compositions pour plafond.

A la plume et lavis de sépia.

664 — Sous ce numéro, seront vendus quelques dessins non catalogués.

Imp. D. Dumoulin et Cᵉ, Paris.

www.ingramcontent.com/pod-product-compliance
Ingram Content Group UK Ltd.
Pitfield, Milton Keynes, MK11 3LW, UK
UKHW021145230726
13926UKWH00002B/937